AF248270

NOTICE SUR LA VIE

de

SAINT QUINIS.

BRIGNOLES ,
Imprimerie de Perreymond-Dufort et Vian.

1858.

NOTICE

SUR LA VIE

de

SAINT QUINIS,

Evêque de Vaison,

ET

SUR LE CULTE DONT IL EST L'OBJET DANS PLUSIEURS LOCALITÉS

du Diocèse de Fréjus,

et spécialement à CAMPS.

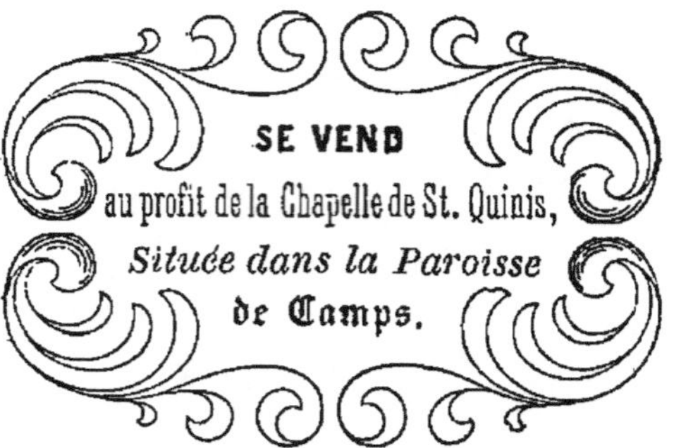

BRIGNOLES,

Imprimerie de Perreymond-Dufort et Vian.

1858.

AVANT-PROPOS.

En publiant cet opuscule, nous voudrions coopérer, pour notre faible part, à la gloire des bienheureux serviteurs de Dieu, qui ont sanctifié par leur présence les lieux où nous vivons, conserver quelques-unes des traditions pieuses de nos pères, que des préoccupations d'un autre ordre tendent de plus en plus à faire disparaître, répondre enfin aux désirs des fidèles, dévots à Saint Quinis, qui sollicitaient avec instance des détails plus circonstanciés sur les vertus et sur le culte de ce saint évêque.

Nous n'avons rien négligé pour satisfaire cette pieuse curiosité ; mais, nous n'avons pu recueillir qu'un bien petit nombre de faits. Dieu, qui a bien souvent manifesté les mérites de son glorieux serviteur, n'a pas permis que ses exemples arrivassent tous jusqu'à nous, et bien souvent, à l'imitation des divers auteurs qui ont écrit sa vie, nous avons été obligé, pour expliquer la suite de ses actes, d'avoir recours à des conjectures. Nous ne l'avons jamais fait sans en avertir le lecteur, et nous avons eu soin de distinguer le certain du probable. Du reste, dans tout ce que nous avançons, et même dans les suppositions que la piété peut se permettre, pour essayer de faire revivre les saints qu'elle vénère, nous nous sommes toujours appuyé sur de respectables autorités.

A défaut de documents primitifs, nous avons consulté et quelquefois reproduit le récit des Bollandistes, que Baillet abrége et auquel il rend ce témoignage, non suspect dans sa bouche, que *leur histoire* (de saint

Quinis) *paraît faite sur quelque relation originale*. La vie de saint Quinis a été encore écrite par le R. P. Boyer, prieur des Dominicains de sainte Marthe de Tarascon (1731), par Barjavel, dans sa biographie vauclusienne. L'évêque de Vaison, Suarez, qui fut bibliothécaire du Vatican, dans sa lettre à l'Archevêque d'Aix, que nous reproduisons à la fin de cette notice, mentionne plusieurs faits concernant la vie et le culte de son glorieux prédécesseur. Il existe enfin une vie abrégée de saint Quinis, *dédiée au sieur Desparre, lieutenant-général au siége de Brignoles, par le P. François de Saint-Laurens, visiteur apostolique et supérieur des Trinitaires*. Cet abrégé, qui se conserve au presbytère de Camps, a été reproduit en partie dans la notice sur saint Quinis, imprimée à Brignoles en 1859. Telles sont les autorités sur lesquelles repose ce que nous rapportons de la vie et des miracles de saint Quinis.

Quant au culte dont il est spécialement

l'objet à Camps, nous avons consulté les traditions locales, et nous avons été assez heureux pour trouver dans les archives de cette
commune quelques pièces authentiques, qui
nous ont permis d'entrer dans les détails les
plus circonstanciés. Nous avons cru qu'ils ne
seraient pas sans intérêt pour nos lecteurs ;
nous avons même voulu reproduire intégra-
lement ces pièces, persuadé que nous ré-
jouirions la piété des enfants par ces témoignages de la piété de leurs pères. Puissent
ces exemples ranimer notre foi et nous exciter à marcher sur leurs traces !

I.

Naissance et Enfance de Saint Quinis.

Saint Quinis naquit, vers la fin du cinquième siècle ou au commencement du sixième, dans la ville de Vaison (1), de parents aussi distingués par leur noblesse que par leur piété.

Avant sa naissance, Dieu daigna annoncer à sa mère la sainteté future de l'enfant qu'elle portait dans son sein et lui révéla la mission qu'il devait remplir dans son Église. Cette faveur céleste, dont nous trouvons plusieurs exemples dans la vie des saints, fut sans doute la récompense de la foi et de la piété de cette mère chrétienne. Convaincue que les enfants appartiennent à Dieu avant d'être à leurs parents eux-mêmes, et que la prière et les bonnes œuvres d'une mère peuvent attirer sur eux

(1) Vaison, ancien siége d'un évêché suffragant d'Avignon, dans le département de Vaucluse.

des grâces abondantes, la pieuse mère de Quinis s'était empressée de consacrer à Dieu l'enfant qu'il lui envoyait. C'est dans cette intention qu'elle se rendit, malgré la distance des lieux et la difficulté des chemins, dans la ville d'Arles, pour y vénérer le saint martyr Genès (1), qui, encore catéchumène, avait confessé, dans cette cité, la foi de Jésus-Christ par l'effusion de son sang. On célébrait la fête du saint martyr ; les fidèles accourus en foule de tous les pays circonvoisins remplissaient déjà l'église et s'y étaient enfermés, suivant l'usage de ces siècles de foi, pour passer la nuit en prières autour de son tombeau. La mère de Quinis ne put pénétrer dans l'intérieur de l'église, mais dans l'ardeur de sa foi, elle ne s'éloigna pas et en attendant qu'il lui fût donné d'approcher des saintes reliques, à genoux sur le seuil, elle s'unit aux pieux cantiques de ses frères.

Mais voilà qu'une suave mélodie retentit à son oreille et une douce lumière dissipe autour d'elle l'obscurité de la nuit ; les portes du temple s'ouvrent et des voix angéliques rassurant son âme

(1) Saint Genès, d'Arles, exerçait, dans cette ville, les fonctions de greffier public. Il n'était encore que catéchumène lorsque Maximilien Hercule vint y persécuter les chrétiens. Chargé de transcrire l'édit de persécution, il ne voulut point coopérer à cette injustice et fut décapité sur les bords du Rhône, vers le commencement du IVᵉ siècle. Saint Grégoire de Tours, saint Eucher et les anciens martyrologes l'appellent la *gloire de la ville d'Arles*. (Godescard.)

surprise et effrayée de ces signes extraordinaires lui annoncent de la part de Dieu, qu'elle donnera naissance à un fils, qui sera évêque de Vaison et dont Dieu se servira pour le salut d'un grand nombre.

La vision disparaît, laissant cette heureuse mère le cœur rempli de joie et de reconnaissance. Avec quelle ferveur ne dut-elle pas épancher les sentiments de son âme, auprès des reliques vénérées de saint Genès! avec quelle ardeur ne dut-elle point demander à Dieu la grâce d'élever dignement cet enfant de tant d'espérances (1)!

Après avoir satisfait sa dévotion, la mère de Quinis revient à Vaison et la parole du messager céleste ne tarde pas à se réaliser.

Les vertueux parents de Quinis ne négligèrent rien pour cultiver les précieuses semences que Dieu avait déposées dans ce cœur. Sous leur regard vigilant et par leurs soins assidus, elles levèrent bientôt et l'on put entrevoir, dans une enfance encore bien tendre, les germes précieux de la plus haute sainteté.

Cependant l'enfant grandissait et devenait capable d'une instruction plus étendue. Ses parents, sans se démettre tout-à-fait, comme d'une charge

______

(1) Cette vision miraculeuse est rapportée dans la vie de Saint Quinis, publiée par les Bollandistes. Baillet, il est vrai, n'en fait point mention; mais tout le monde sait combien Baillet et toute l'École Janséniste sont suspects, quand il s'agit de faits surnaturels.

importune, de la culture de cette âme, associè-
rent à leur sollicitude, des maîtres éclairés et
pieux, qui, en initiant l'enfant aux connaissances
qui développent l'intelligence, devaient avant tout
aider dans son cœur le travail divin de la grâce.

Ce n'était du reste qu'auprès des ministres de
l'Église que l'on pouvait alors trouver les lumières
de la science. Au milieu du désordre de l'invasion,
les écoles gallo-romaines avaient péri ; les lettres
et la civilisation s'étaient réfugiées à l'abri de la
croix, à l'ombre des cathédrales et des cloîtres.
Là, furent sauvées les traditions littéraires, échap-
pées au naufrage ; là, furent conservés pour une
postérité trop souvent ingrate des trésors, mena-
cés d'être engloutis sans retour. Il y avait peu
d'églises cathédrales où l'on ne vit un prêtre, au
nom de son évêque, distribuer gratuitement la
science aux jeunes clercs parmi lesquels devaient
se recruter les ministres du sanctuaire et aux jeunes
gens qui se mêlaient à eux. C'était les seules écoles
qui restaient encore.

On peut croire que Quinis fréquenta l'école de
sa ville natale, qu'il y édifia par sa tendre piété,
par sa pureté angélique, par son application au
travail, ses jeunes compagnons ; peut-être même
le regard clairvoyant de ses maîtres entrevit-il en
lui le digne ministre des autels et l'honneur futur
de cette Église.

II.

Retraite de Saint Quinis dans le Désert et dans l'île de Lérins.

————————

Dieu voulut le préparer lui-même à cette sublime mission en le conduisant dans la solitude, pour parler de plus près à son cœur. Saint Quinis en effet vécut quelque temps de la vie érémitique et passa quelques années dans le monastère de Lérins. Sa retraite dans la solitude et son séjour à Lérins sont les seuls événements de sa vie, avant son épiscopat, qui soient arrivés jusqu'à nous.

Alla-t-il d'abord à Lérins, pour y former sa jeunesse, à cette école célèbre de science et de sainteté; puis mûri sous la discipline de l'obéissance, chercha-t-il dans le désert une solitude plus profonde et une vie plus austère; ou bien, en quittant le monde, vécut-il d'abord dans la solitude, puis alla-t-il chercher dans les exercices de la vie commune et dans la société de saints religieux un nouvel aliment à ses vertus et de plus grandes lumières pour avancer dans les voies de la perfection, c'est ce que nous ne saurions affirmer avec certitude. La dernière opinion nous paraîtrait plus probable, et nous croirions que ce fut à Lérins, où les peuples venaient chercher si souvent les pasteurs qui devaient les conduire, que saint Théodose et le peuple de Vaison vinrent réclamer Quinis, pour lui confier le gouvernement de cette église.

Quoiqu'il en soit, cette résolution généreuse qui pousse notre saint dans la solitude, indique assez quel progrès Quinis avait fait dans la voie étroite de l'Évangile. La parole du divin Maître : *Si l'on ne renonce à tout et à soi-même, l'on ne saurait être mon disciple,* fut plus forte sur son cœur que les attraits du monde, que les séductions de la chair et du sang. Peut-être Dieu se servit-il encore, pour lui inspirer cette sainte entreprise, des exemples admirables des anachorètes de l'Orient. La renommée de leurs austérités était en effet parvenue jusqu'au fond de la Gaule et avait excité dans de nobles âmes une généreuse émulation. On avait déjà vu, dans le siècle précédent, de jeunes hommes illustres s'arracher à l'éclat du rang et à l'affection de leurs familles, pour aller, obscurs pélerins, s'édifier auprès de ces héroïques serviteurs de Dieu ; puis, à leur retour, ils avaient raconté dans de pieux récits les vertus sublimes dont ils avaient été les témoins et avaient implanté dans l'Occident cette vie de travail et de silence. C'est ce qu'avaient fait, saint Honorat, en fondant le monastère de Lérins, et Cassien, en conservant dans son livre, pour l'instruction de ses frères, le souvenir des beaux exemples des Pères du désert. Ces récits furent-ils sans influence sur la résolution de Quinis? Et ne serait-ce point en lisant ces généreux sacrifices qu'il se sentit lui-même déterminé à tout quitter pour suivre plus librement Jésus-Christ?

Nous ne savons rien de bien précis sur le lieu que saint Quinis choisit pour sa retraite; mais la tradition, parmi nous, désigne la montagne du Renom, appelée vulgairement du nom même du Saint, dans la commune de Camps, près Brignoles. Saint Quinis est l'objet d'une dévotion très-ancienne, sur cette montagne, au sommet de laquelle s'élève une chapelle en son honneur, et ce culte populaire, que Dieu, comme nous le verrons, a autorisé par des miracles, n'a pas d'autre raison que la croyance en la présence du Saint dans ces lieux. Nous sommes donc fondés à croire, que ce désert a été sanctifié par sa vie pénitente et austère. C'est là, pouvons-nous dire, quand nous parcourons ces sommets, ou quand nous y portons nos regards, de quelque point de la plaine, que la chapelle domine, pour la protéger, c'est là que saint Quinis avait avec Dieu de si douces et si intimes communications, c'est là qu'il se livrait aux rigueurs de la plus rude pénitence ; c'est dans le creux de ce rocher qu'il prenait son sommeil, au pied de ces arbres qu'il faisait son repas de racines et de fruits sauvages, à cette source qu'il étanchait sa soif ; tout en ces lieux, encore silencieux et solitaires, tout nous parle de lui. Pourquoi ne respecterions-nous pas ces pieuses croyances ? Pourquoi ne conserverions-nous pas avec amour ces souvenirs que nos pères nous ont transmis comme un précieux héritage ?

De cette solitude saint Quinis passa dans l'île de Lérins. Nous lisons son nom parmi ceux des évêques et des prêtres illustres qui sortirent en si grand nombre de cette retraite bénie (1).

Fondé par saint Honorat, au commencement du cinquième siècle, gouverné après lui par saint Hilaire, ce monastère était comme un séminaire de saints, un asile, où Dieu se préparait des ministres selon son cœur (2). Lorsque Quinis y arriva,

(1) Joseph Anthelmy, mentionne saint Quinis dans l'énumération qu'il fait des évêques et des prêtres sortis du monastère de Lérins.

(2) Doctrina et exemplo tot viros efformavit (Honoratus), ut exinde Lerina effecta sit velut officina et seminarium sanctorum. (Légende du Bréviaire, en la fête de saint Honorat). Aucune des gloires de la sainteté n'a manqué à Lérins. Non seulement, elle a donné à l'église de saints et doctes prélats, de vigoureux et savants défenseurs, elle a été aussi illustrée par le sang des martyrs. Près de 500 moines, à leur tête saint Porcaire, leur abbé, furent massacrés au VIIIe siècle par les Sarrazins, en haine de la religion chrétienne. Pourquoi cette

Lérins était dans la ferveur de ses commencements ; les vertus de ses illustres fondateurs embaumaient encore ce monastère, et les traditions de savoir et de piété, qu'y avaient laissées les Honorat, les Hilaire, les Eucher, les Vincent excitaient dans leurs disciples une sainte et noble ardeur. Quinis s'efforça de marcher sur leurs illustres traces. Là il put allier les austérités, le silence, le calme de la vie solitaire avec les avantages de la vie commune ; là, par la pratique de l'obéissance, par la prière et par l'étude, il se prépara avec Siffrède et Eutrope, à répondre aux desseins du Seigneur, qui devait les appeler tous trois à l'épiscopat. Siffrède devint, en effet, évêque de Carpentras, Eutrope, d'Orange, et Quinis allait monter sur le siége épiscopal de Vaison.

terre est-elle maintenant désolée, ce monastère en ruines ?... Ne verrons-nous pas refleurir cette solitude ? La divine psalmodie et les saintes études ne reviendront-elles pas un jour s'abriter de nouveau dans leur antique asile ?

III.

Épiscopat de saint Quinis. — Sa Mort.

⎯⎯⎯•⎯⎯⎯

Dieu, qui avait conduit Quinis dans la solitude, le ramena au milieu du monde et manifesta au grand jour cette lumière qu'il avait tenue quelque temps cachée sous le boisseau.

Saint Théodose, évêque de Vaison, accablé par le poids des ans et le lourd fardeau de l'épiscopat, jeta les yeux sur Quinis, dont il avait peut-être cultivé les vertus naissantes, pour en faire son auxiliaire et son successeur. Il rappelle de sa chère solitude le moine de Lérins, et lui demande, au nom de Dieu, de venir consacrer au salut de ses frères, de ses concitoyens, les précieux trésors de science et de vertu, qu'il a recueillis dans la re- traite. A la voix de son évêque, qu'il respecte comme celle de Dieu, Quinis ne balance point; avec la même générosité, avec laquelle il s'était séparé du monde pour s'unir plus intimement au

Seigneur, il s'arrache maintenant aux saintes dé-
lices de la vie contemplative, aux embrassements
de frères bien-aimés, pour se vouer aux labeurs
d'un pénible ministère.

Nommé d'abord archidiacre de l'église de Vaison, Quinis s'initie, sous les yeux de son évêque
au gouvernement de ce Diocèse, et s'essaye en
quelque sorte à la charge pastorale, dont il porte
déjà une large part. A ce titre, il représente Théodose au cinquième concile d'Arles, en 554. Cette
assemblée, présidée par Sapandus, évêque d'Arles,
compta dix-neuf évêques. On y rédigea sept canons
de discipline, dont deux ont pour objet la protection des biens des églises, contre la déprédation
et les rapines. Quinis souscrivit à la suite des évêques : *Quinidius, in Christi nomine, Archidiaco-*
nus, missus a domino meo Theodosio, subscripsi :
Quinis, au nom du Christ, Archidiacre, délégué
de mon seigneur Théodose, j'ai souscrit.

La sagesse, la fermeté, la modération, les qua-
lités éminentes, que saint Quinis déploya dans cette
assemblée et dans les affaires importantes qu'il eut
à gérer, lui attirèrent l'estime et l'affection géné-
rales et répondirent aux espérances que Théodose
avait conçues. Le saint évêque ne crut pas devoir
attendre plus longtemps pour se décharger sur son
archidiacre de toute la sollicitude pastorale. Qui,
parmi les membres de son clergé, méritait mieux
l'éminente dignité de l'épiscopat? En qui trouve-
rait-il une vie plus exemplaire, une doctrine plus

abondante, une charité plus patiente, un zèle plus ardent pour les âmes, une fermeté plus inébranlable contre le mal, unie à la plus rare douceur? Il assemble donc son peuple pour lui faire élire, selon l'usage de ces temps, le successeur qu'il veut se donner (1). Il leur dit sa vieillesse, sa fin prochaine, son désir de leur laisser un pasteur selon le cœur de Dieu et leur présente Quinis, leur concitoyen, son archidiacre, Quinis, que, depuis plusieurs années, il a associé à ses travaux, comme le plus digne de leurs suffrages. Le choix du peuple ne diffère pas de celui de l'évêque, et tous, d'une voix unanime, acclament Quinis. L'élection du peuple fut agréée par Childebert et confirmée par Sapandus, évêque d'Arles. Quinis, seul, se croyait indigne de ces éminentes fonctions, mais la volonté de Dieu était expresse et son humilité se résigna à répondre généreusement à l'ordre du ciel si clairement manifesté.

L'évêque d'Arles, assisté de ses suffragants, donna à l'élu la consécration épiscopale et lui con-

(1) L'élection, qu'elle soit faite par le peuple, comme dans les premiers siècles de l'Église, ou bien par les chapitres, ou les seigneurs, ou enfin par les chefs des états, comme dans les temps modernes, par suite des concordats passés entre le saint-siége et les divers gouvernements, l'élection ne confère point la juridiction épiscopale; les évêques ne sont évêques que *par la grâce de Dieu et du saint-siége apostolique.* Leur pouvoir leur vient de Dieu seul, par le ministère de Pierre qui leur confère leur pouvoir par lui-même ou par les prélats qu'il délègue à cet effet.

féra, en même temps, en vertu des priviléges, attachés à son siége, la juridiction, qui étant de droit divin et ecclésiastique ne saurait être donnée par l'élection du peuple. Théodose pouvait mourir en paix, il laissait son troupeau en des mains dévouées, qui devaient continuer et étendre les bienfaits de sa longue carrière.

La mission d'un évêque de tout temps sublime et difficile, l'était encore plus à cette époque de désordre et de transition. Après les invasions des Barbares, qui avaient fait crouler la société ancienne et mêlé des peuples de mœurs les plus diverses, l'Église seule, avec sa hiérarchie et ses institutions, restait debout pour réparer ces ruines et réunir dans l'unité d'une société nouvelle tous ces éléments disparates et désunis. Les évêques, ses représentants, au milieu des peuples, et, sous leur conduite, le clergé et les moines furent les ouvriers de cette reconstruction. Il est beau de les voir par leur zèle, leur charité, leur fermeté et leur patience s'interposer entre les conquérants et le peuple vaincu, alléger pour ceux-ci le joug de la conquête, plier ceux-là aux usages, aux lois des peuples qu'ils ont soumis, façonner ces barbares, adoucir leur rudesse native, dompter leur sauvage fierté, et les initier à la civilisation, en ouvrant leur esprit et leur cœur aux lumières et aux vertus de l'Évangile.

Telle fut la magnifique et laborieuse mission des évêques des Gaules, surtout au cinquième et au sixième siècle. Les noms, les travaux de tous ces fondateurs ne sont pas venus jusqu'à nous, mais leur œuvre est debout; c'est la société et la civilisation française; elle dit assez leur action puissante.

Quinis fut un de ces obscurs, mais utiles ouvriers. Au prix de mille fatigues, il défricha la partie de la vigne qui lui était confiée. Il appela à la lumière de la foi ceux de ses diocésains, qui, cachés au fond de leurs bois ou de leurs montagnes, n'avaient point encore ouvert les yeux à ce divin flambeau; ramena à l'Église catholique ceux d'entre eux que l'Arianisme en avait séparés; arracha de toutes les âmes les vices et les erreurs pour y implanter les divins préceptes de l'Évangile.

Uni à ses frères dans l'épiscopat, il travailla avec eux dans plusieurs conciles à sauvegarder la discipline ecclésiastique contre les envahissements de la barbarie, à protéger la liberté de l'Église, à défendre ses droits, à pacifier les différents des princes et à alléger les malheurs des peuples. Nous trouvons son nom inscrit parmi les évêques de deux conciles de Paris, l'un de l'année 557 ou 558; l'autre de l'année 573. Dans ce dernier, Gontran, roi de Bourgogne, dans les états duquel se trouvait le diocèse de Vaison, avait réuni tous les évêques des provinces qui lui étaient soumises, pour pacifier le royaume et rétablir la concorde entre Chilpéric, roi de Paris, et Sigebert, roi de Metz ou d'Austrasie, dont les divisions scandaleuses étaient une source de maux pour leurs peuples. On y termina aussi une contestation, qui s'était élevée au sujet de l'église de Châteaudun. Promotus, qui s'était ingéré dans le gouvernement de cette Église, fut déposé et les pères du Concile prièrent Sigebert de ne pas s'obstiner à soutenir, contre les lois ecclésiastiques, un évêque irrégulièrement élu.

Un autre événement de la vie de saint Quinis, pendant son épiscopat, en même temps qu'il fait ressortir l'humilité et la charité du saint évêque, montre le soin jaloux avec lequel Dieu, pour le bien des peuples dont les évêques étaient alors les seuls défenseurs, protégeait leur faiblesse désarmée contre l'orgueil et les violences des puissants (1).

Le patrice Mummol venait de délivrer, par trois victoires successives, les provinces comprises entre le Rhône et les Alpes, des hordes de Lombards, qui les avaient envahies et ravagées. Enorgueilli par ces brillants succès, l'ambitieux général conçut dès lors des projets d'indépendance et exigea avec fierté les plus grands honneurs. Mummol en rentrant à Avignon, centre du gouvernement dont Gontran l'avait investi, passa par Vaison. L'évêque et le peuple se portèrent avec empressement à sa rencontre, heureux de reconnaître par ces marques de respect leur libérateur et le représentant de leur prince. Le fier Patrice, ne considérant pas la sincérité des sentiments qui animaient le pasteur et le troupeau et ne cherchant que l'éclat de la

____

(1) Voir les Bollandistes — l'histoire de Mummol dans les *Annales Philosophiques d'Aix*, t. v.

pompe extérieure, ne trouve pas les honneurs qu'on lui rend assez dignes de lui. Il ne peut contenir son orgueil froissé, et oubliant sa propre dignité et le respect qu'il devait au ministre de Dieu, il vomit contre lui les plus grossières injures : « Gros bœuf, lui dit-il, d'où vient qu'aujourd'hui tu ne portes point tes cornes? Pourquoi au seul bruit de mon arrivée, n'as-tu pas déployé toute la pompe et la solennité dues à ma puissance. » Instruit à l'école du Sauveur, l'évêque se tait. A ces injures, à cette fureur, il oppose un silence plein de dignité et une humble patience. Mais il gémit dans son âme de l'affront que vient de recevoir en sa personne l'autorité de l'évêque et il va déposer aux pieds des autels la douleur profonde qu'il en ressent. Dieu, qui exalte les humbles et humilie les superbes, allait bientôt consoler le juste et venger l'outrage fait à son ministre.

Cependant Mummol, qui s'était retiré le cœur bouillonnant de colère, revient bientôt pour châtier Vaison et son évêque. Déjà il est aux portes de la ville, mais une main invisible l'arrête et le renverse; le Patrice tombe à demi-mort. Effrayés de ce mal soudain et étrange, ses courtisans qui tout à l'heure attisaient sa vengeance, sont saisis de terreur, et dans leur désespoir, ils ne trouvent point d'autre remède que de porter le Patrice mourant aux pieds du saint évêque, qu'il venait attaquer.

-Dieu qui l'avait frappé pour apprendre aux

grands de la terre à ne point porter une main té-
méraire sur *les oints du Seigneur*, voulait aussi
l'obliger à confesser la vertu surhumaine et le pouvoir tout puissant de ses fidèles serviteurs.

A la vue du triste état du Patrice, Quinis est ému
de compassion. Il remercie le Seigneur de la protection dont il l'entoure, mais il le conjure, en même
temps au nom de sa miséricorde, de pardonner à
son ennemi. Dieu écoute sa prière. Mummol se relève plein de vie, répare par les plus profonds hom-
mages l'outrage dont il s'est rendu coupable et en
témoignage de sa vive reconnaissance et de son sin-
cère repentir, dépose entre les mains de l'évêque de
riches trésors, que le saint partagea entre les pauvres et son église.

Un seigneur de la suite du Patrice, ajoute le
pieux auteur (1), auquel nous empruntons ce récit,
murmura de ces largesses et voulut en retenir une
partie ; mais frappé d'un mal soudain, il ne dut sa
guérison qu'aux prières du saint évêque.

Ce ne furent point les seuls miracles par lesquels
Dieu manifesta la sainteté de son serviteur. On
dit que la seule imposition de ses mains rendit plusieurs fois la santé aux malades, guérit des para-
lytiques, assainit le corps des lépreux ; que sa parole commandait aux démons et délivra des mal-
heureux que satan tenait sous sa puissance ; qu'il
ramena par sa tendre compassion et par ses larmes,
des pécheurs endurcis dans le mal. Bon pasteur,

(1) Les Bollandistes.

il passa en faisant le bien ; il aima les pauvres, soulagea leurs misères, consola les affligés, accueillit sous son toit hospitalier ceux qui étaient sans asile, se donna tout entier au bonheur et au salut de tous ses frères, et laissa une mémoire qui sera toujours en bénédiction.

Après une vie si sainte, dont la plupart des actes nous ont été dérobés par le temps, mais dont le Seigneur a manifesté hautement les mérites par de nombreux miracles, et l'Église, par sa solennelle déclaration, saint Quinis s'endormit du sommeil des justes et alla recevoir le prix de ses travaux, le 15 février 578 ou peut-être 579. C'est à ce jour, que les martyrologes de saint Adon et d'Ussuard rapportent sa mort et que le martyrologe romain a inscrit le nom de saint Quinis, parmi les saints confesseurs (1).

(1) Voici en quels termes le martyrologe romain fait mention de saint Quinis : à Vaison, dans les Gaules, la fête de saint Quinis ; de nombreux miracles attestent que sa mort a été précieuse devant Dieu. *Vasione in Galiis (festum) sancti Quinidii episcopi, cujus mortem in conspectu Domini pretiosam miracula crebra testantur.* (Marty. rom.)

IV.

**Du culte rendu à saint Quinis, et en par-
ticulier de la dévotion, dont il est
l'objet dans plusieurs localités
du Diocèse de Fréjus.**

**De la Chapelle qui lui est dédiée sur
la montagne du Renom,
près de Camps.**

Les saints, ces généreux serviteurs de Dieu, ces vrais amis du peuple, se survivent à eux-mêmes dans la mémoire reconnaissante des hommes. Témoins de leurs éminentes vertus, confiants en leur crédit dans le ciel, leurs frères de la terre les choisissent pour modèles et pour protecteurs, et Dieu, qui veut l'honneur de ses saints, se plaît à autoriser cette touchante dévotion par des miracles. C'est ce qui est arrivé pour saint Quinis.

Le peuple de Vaison ne pouvait oublier ce jeune enfant dont la naissance avait été si merveilleuse, ce jeune homme, qui l'avait édifié par ses précoces vertus, ce pasteur dévoué qui l'avait conduit dans les voies du salut et l'avait nourri de la parole de vérité et de vie. A peine la tombe s'est-elle fermée sur les restes du saint évêque, qu'il est déjà l'objet d'un culte religieux, et ce bon peuple se console de la douleur de ne plus l'avoir pour pasteur et pour guide sur la terre, en le choisissant pour son patron et son protecteur dans le ciel. Bientôt une église s'élève en son honneur. Bâtie avant l'invasion des Sarrazins dans le midi de la Gaule, cette église est postérieure, à peine d'un siècle, à la mort de notre saint ; peut-être même les témoins de ses vertus la virent-ils commencer. L'évêque de Vaison transporta dans ce sanctuaire les reliques de son bienheureux prédécesseur et en confia la garde aux enfants de saint Benoit.

Les reliques de saint Quinis restèrent dans ce lieu jusqu'à l'époque de l'invasion des Sarrazins, c'est-à-dire, jusqu'au milieu du huitième siècle. Ces infidèles, maîtres de l'Espagne, passèrent les Pyrénées et se jetèrent à plusieurs reprises sur le midi de la Gaule, qu'ils mirent à feu et à sang. Rien n'était épargné par ces fanatiques ; ils pillaient les églises, renversaient les monastères, égorgeaient les religieux et les prêtres, profanaient les saintes reliques. Une de leurs bandes longea les rives du Rhône et menaça Vaison. A l'approche des infidèles, les moines prirent la fuite, emportant avec eux les reliques de saint Quinis, qu'ils allèrent cacher dans l'abbaye de Saint-Pierre-d'Aurillac, au milieu des montagnes du Cantal (aujourd'hui diocèse de Saint-Flour).

La ville de Vaison, dépouillée de ce riche trésor,

n'en eut pas moins de zèle pour honorer son saint patron. Nous retrouvons la trace de ce culte immémorial au douzième siècle. Ce fut à cette époque, que sur la demande de Raimbaud Flotte, qui occupa le siége de Vaison de 1193 – 1212, le pape Innocent III canonisa Quinis, et sanctionna ainsi, par son autorité infaillible, le culte spontané que son peuple n'avait point cessé de lui rendre. Les successeurs de Raimbaud ne furent pas moins zélés pour la gloire de leur illustre prédécesseur. Farandus consacra, en 1250, dans sa cathédrale, une chapelle et un autel en son honneur. En 1639, Suarez (Joseph-Marie), bibliothécaire du Vatican, corrigea et fit réimprimer un office déjà ancien, releva les ruines d'un monastère, qu'une bulle de Pascal II appelait, dès l'année (1109), abbaye de saint Quinis, et obtint des moines d'Aurillac le chef sacré du saint évêque. C'est de cette insigne relique qu'il détacha, à la demande de l'archevêque d'Aix, une partie de la mâchoire inférieure en faveur des habitants de Camps, dont il était heureux de favoriser la dévotion et la piété envers saint Quinis (1).

Nous ne suivrons pas plus loin l'histoire du culte de saint Quinis à Vaison. Les sentiments de ce peuple ne se sont jamais démentis ; il n'a cessé d'invoquer avec confiance son glorieux patron, et

______

(1) Voyez à la fin de cet opuscule la lettre de l'évêque de Vaison à l'archevêque d'Aix, au sujet des reliques de saint Quinis. Note C.

en plusieurs circonstances, il a éprouvé les effets de sa puissante tutèle. Il aime à reconnaître, entre autres bienfaits signalés, que c'est à son intercession que Vaison a dû d'être épargné par la peste, quand ce fléau vint à plusieurs reprises semer l'épouvante et la mort dans nos contrées, et tous les ans, le 15 février, jour de la fête du saint, il ne manque pas, quelle que soit la rigueur de la saison, de monter en procession à son ancienne église, pour lui témoigner sa reconnaissance et se mettre de nouveau sous son patronage.

Saint Quinis n'est pas seulement honoré dans son ancien diocèse; il l'est encore à Aurillac, où l'on célébrait l'anniversaire de la translation de ses reliques; à Saint-Paul-Trois-Châteaux (aujourd'hui diocèse de Valence), et dans plusieurs localités du diocèse actuel de Fréjus: à la Motte, près Draguignan, à Gonfaron, à Besse et à Camps.

Nos pères savaient que des grâces précieuses sont attachées aux lieux que les saints ont sanctifiés, durant leur vie mortelle, et que souvent Dieu y fait éclater, après leur mort, la puissance de leur crédit dans le ciel. Aussi ont-ils voulu fixer en quelque sorte par de pieux oratoires la trace de leurs pas.

La chapelle dédiée à saint Quinis, dans la paroisse de Gonfaron, et le culte populaire dont il y est l'objet, sembleraient attester que le saint traversa ces lieux ou peut-être même qu'il s'y arrêta quelque temps, lorsque du désert du Renom il se rendit à Lérins. La chapelle qui lui est consacrée, au sommet de la montagne du Renom, sur la paroisse de Camps, rappelle sa vie érémitique dans cette ancienne solitude. Du haut de cette montagne, qui s'élève entre les communes de Camps, de Besse, de Sainte-Anastasie, saint Quinis étend sa protection sur toutes ces localités et sur les lieux circonvoisins. De tous ces points on se tourne vers lui avec confiance et un grand concours de fidèles vient l'implorer dans son oratoire. Le nom même de cette montagne (le Renom), qui paraît venir de la célébrité que lui ont attirée les bienfaits obtenus en ce lieu par l'intercession de saint Quinis, prouverait la popularité et l'ancienneté de cette dévotion ; mais quelques documents extraits des archives de la commune de Camps, nous permettent d'en apporter la preuve positive.

Si nous ne pouvons en préciser l'origine, du moins nous la trouvons déjà qualifiée de *très-ancienne* dès l'année 1638. La chapelle qui existait alors tombant de vétusté, fut réparée et agrandie par le zèle de Laurent Garnier, *personnage distingué* de Camps, qui voulut témoigner, par cette œuvre de piété, sa reconnaissance pour une faveur signalée qu'il avait obtenue par l'intercession de saint Quinis. Cette reconstruction causa une grande joie aux habitants de cette commune, et ils voulurent même y contribuer par leurs offrandes. Le prieur de la Celle, qui était le Seigneur de Camps, et la comtesse d'Arles, femme du gouverneur de Provence, prirent aussi part à cette bonne œuvre. Celle-ci fit faire la porte de la chapelle, au-dessus de laquelle on plaça ses armoiries; on n'en trouve plus de traces dans la chapelle actuelle.

Dans un acte passé, cette même année, entre les consuls de Camps et les marguilliers de la chapelle, d'une part, et le vicaire de la paroisse, délégué du prieur de la Celle (1) de l'autre, on fixa les droits du vicaire, des marguilliers, et les revenus de la chapelle. Le prieur de la Celle se réservait le droit de nommer et de révoquer les chapelains, qui devaient desservir cet oratoire; il permettait qu'on y célébrât solennellement la fête de saint Quinis, mais il défendait les jeux bruyants et les réjouissances profanes, qui déjà paraissaient altérer le caractère primitivement tout religieux de ce pélerinage.

Ce qui montre encore combien la dévotion dont saint Quinis était l'objet en ces lieux était ancienne, c'est l'affluence des pélerins qui y venaient implorer sa protection. Elle était telle, que la communauté de Camps, sur la remontrance de messire le consul Mercadier, se crut obligée, par reconnaissance pour Dieu, et pour ne pas laisser perdre

(1) La communauté de Camps étant une dépendance du prieuré de la Celle, de l'ordre de saint Victor, était desservie par un prêtre délégué à cet effet par le prieur, avec le titre de vicaire. L'oncle de notre évêque, Monseigneur Jordany, a été le dernier vicaire de Camps.

cette dévotion , *d'y établir un prêtre en résidence ,
afin que tous les jours il s'y dise pour le moins une
messe , afin que ceulx, qui y viennent en dévotion,
puissent se confesser pour faire sa dévotion* (1).

En 1639, des reliques de saint Quinis (une partie de la mâchoire et une dent) furent données à
la communauté de Camps, par l'archevêque d'Aix,
qui les avait obtenues, comme nous l'avons dit
plus haut, de Suarez, évêque de Vaison. Ce prélat,
heureux de contribuer à la gloire de son bienheureux prédécesseur, accompagna ce présent insigne
d'un authentique et d'une lettre, dans laquelle il
rappelle les principaux faits connus de la vie de
notre saint. On peut voir à la fin de cette Notice ,
note C et D , ces deux pièces, nous les avons
transcrites sur les copies qu'en prirent les députés
de la communauté de Camps , envoyés à Aix, afin
de remercier l'archevêque et prendre ses ordres
pour la cérémonie de la translation.

Pour qu'elle fût plus solennelle , on la fixa vers
la quinzaine après Pâques , époque où devait se
réunir le synode diocésain. (Pâques tombait ,
cette année, le 24 avril. Le Synode dut se réunir
le lundi ou le mardi après la quinzaine et se termi-
ner le 11 , qui était un mercredi, jour auquel eut

(1) On peut voir à la fin de cet opuscule, note A, la pièce
entière , d'où nous avons extrait ces lignes. Nous avons pensé
qu'on lirait, avec intérêt et édification , les diverses pièces rela-
tives au culte de saint Quinis. Elles sont, dans leur simplicité,
un monument précieux de la foi et de la dévotion de nos pères.

lieu la translation) (1). Les prêtres, accourus à Aix des diverses paroisses voisines de Camps, ou situées sur la route d'Aix, devaient accompagner les saintes reliques. Le peuple de Camps, de son côté, fit de grands préparatifs pour recevoir dignement un don si précieux. On fit faire à Marseille une châsse d'argent du prix de 148 livres pour y déposer les reliques, et une députation composée des consuls, des marguilliers, prieurs de la chapelle, à laquelle s'adjoignirent soixante à quatre-vingts personnes des plus honorables du pays, se rendit à Aix pour les recevoir et leur faire une escorte d'honneur (2).

La translation eut lieu le 11 mai.

Nous avons encore le procès-verbal de cette cérémonie. Il fut dressé par Honoré Guérin, *vicaire perpétuel de la ville de Brignoles, et official forain* de l'archevêque d'Aix pour les *vallées de Brignoles et de Saint-Maximin* (3), qui avait été chargé de porter les reliques à Camps. L'official, après avoir rappelé tous les préparatifs qui avaient été faits par la communauté de Camps, raconte ainsi la cérémonie de la translation. Nous abrégeons le récit que le lecteur trouvera transcrit en entier à la fin de cette notice, note F. Le onzième du mois de

______

(1) La paroisse de Camps, aujourd'hui dans le diocèse de Fréjus, appartenait alors au diocèse d'Aix.

(2) Voyez les pièces B et E.

(3) Cette dignité correspond à celle d'archiprêtre.

mai, l'archevêque, après avoir célébré la messe dans sa chapelle, bénit la châsse, y déposa les saintes reliques et la fit fermer par un orfèvre ; puis accompagné de tous les prieurs, vicaires et curés, qui se trouvaient alors réunis à Aix pour le synode, il porta solennellement ces reliques à l'église Saint-Sauveur, et les déposa sur l'autel. Le synode terminé, en présence de tous ses prêtres et des consuls de Camps, des prieurs, des marguilliers de la chapelle et de soixante à quatre-vingts personnes de cette paroisse, qui étaient venues en procession pour recevoir les saintes reliques, l'archevêque remit la châsse entre les mains de l'official. Après avoir chanté le *Te Deum*, on porta processionnellement les reliques à l'église Saint-Jean, hors la ville, et on les y laissa jusqu'au lendemain pour satisfaire la dévotion du peuple, qui venait les vénérer. Le trajet d'Aix à Camps fut une continuelle ovation.

Dans toutes les paroisses qu'on traversa, Trets, Saint-Maximin, Tourves, Brignoles, le peuple, le clergé, les ordres religieux vinrent à la rencontre des saintes reliques, et il fallut séjourner plusieurs heures dans chacune d'elles pour contenter la dévotion des fidèles. La population de Camps vint attendre à Brignoles les reliques de son bienheureux patron et les accompagna religieusement jusqu'à l'église de la paroisse. Là on célébra une messe solennelle, et vers les deux heures de l'après-midi on monta à l'ermitage. Arrivé à la chapelle, après avoir chanté le *Te Deum*, en présence des vicaires et curés des lieux voisins, qui avaient escorté les reliques, en présence des consuls et des marguilliers et de tout le peuple qui y était venu en procession générale, l'official déposa la châsse dans une armoire (1) pratiquée dans le mur, pour la recevoir, et en confia *en dues formes* le soin à messire François Lyon, chapelain de l'ermitage.

Après la réception des reliques de saint Quinis, les habitants de Camps, désirant exprimer leur reconnaissance à l'évêque de Vaison, lui députèrent un de leurs consuls, qui fut chargé de lui offrir en présent *deux douzaines de boîtes de prunes, une demi-douzaine de bouteilles d'eau Naffe* (eau de fleurs d'orangers), *avec de la fleur et des pieds d'orangers*, mais ils montrèrent, mieux encore que par ce gracieux et naïf témoignage de leur reconnaissance, le prix qu'ils attachaient à cet insigne trésor, par l'honneur dont ils l'entourèrent et le soin avec lequel ils l'ont préservé de toute profanation.

Dans les années qui suivirent la translation des reliques, nous voyons que la chapelle fut successivement desservie par plusieurs chapelains, parmi lesquels nous remarquons un messire Tevenin et un messire de Provins, docteur en droit, chanoine

(1) Cette armoire existe encore. Elle est dans le sanctuaire à gauche de l'autel ; mais les reliques n'y sont plus renfermées. Une partie de ces reliques se trouve actuellement dans l'église paroissiale de Camps, l'autre dans le buste du saint, qu'on vénère à l'ermitage.

de l'église collégiale de Pignans. Ils y firent plusieurs réparations ainsi qu'au jardin attenant.

En 1646, les consuls de Camps offrirent la chapelle de saint Quinis et ses dépendances aux Pères
trinitaires établis à Brignoles, et le prieur de la
Celle les autorisa, par un acte notarié du 17 avril
de cette année, à prendre possession de la chapelle
et à établir un hospice ou couvent de leur ordre (1).
Ces saints religieux, se consacraient, comme on le
sait, par un vœu spécial au rachat des captifs. Ils
traversaient les mers pour aller racheter les mal-
heureux esclaves des pirates barbaresques, et quelquefois n'hésitaient pas à se mettre à la place de
ces infortunés pour les dérober au danger d'une
apostasie, ou pour les rendre à leur famille désolée.
Sans doute, ils venaient, dans le calme et l'air pur
de cette solitude, se remettre de leurs fatigues,
rétablir leur santé ébranlée par leur séjour dans des
bagnes infects, et se préparer ainsi à de nouveaux
labeurs et à de plus généreux sacrifices (2). Leur
présence en ces lieux ajouta à la célébrité de la
chapelle et y attira un concours plus nombreux de

(1) Voyez, note G, les clauses de cet acte.

(2) L'ordre des Trinitaires fut fondé au XIIIe siècle, par saint
Jean de Matha et saint Félix de Valois. Cet ordre, ainsi que celui
de la Merci, fondé à la même époque en Espagne par saint
Pierre Nolasque, avait pour objet la délivrance des captifs
tombés au pouvoir des Sarrazins. Dans l'ordre de la Trinité,
les religieux mettaient de côté le tiers de leur patrimoine pour
le consacrer au rachat des captifs. Dans l'ordre de la Merci, ils
ajoutaient aux vœux ordinaires de chasteté, de pauvreté et
d'obéissance, le vœu de prendre la place de l'esclave qu'ils ne

fidèles. C'est alors sans doute que l'on transféra au dimanche de la Trinité, la solennité de saint Quinis (1). C'est encore en ce jour que la population de Camps fête saint Quinis à l'ermitage ; mais, hélas! elle n'y trouve plus de religieux ; leur couvent est ruiné, le vandalisme de la révolution a passé par là, et n'a pas épargné ces lieux doublement chers à la piété de nos pères.

Cependant quand la révolution éclata, les Trinitaires n'occupaient plus leur hospice de saint Quinis ; ils l'avaient abandonné en 1778, pour se réunir à leurs frères de Brignoles. La chapelle de l'ermitage fut alors encore desservie par des prêtres chapelains, mais les reliques furent apportées dans l'église paroissiale de Camps. Elles étaient là au moment de la révolution. L'église fut profanée et convertie en club. Craignant de voir les choses saintes outragées, comme elles le furent, hélas! dans un trop grand nombre de localités, Monsieur Boyer, l'avocat, se rendit de nuit dans l'église avec ses domestiques, en fit ouvrir les caveaux et y fit

pourraient délivrer autrement. Saint Pierre Nolasque, à lui seul, délivra quatre cents captifs ; on a calculé que les Trinitaires en avaient délivré neuf cent mille, et les religieux de la Merci, six cent mille. Admirables institutions, qui nous permettent bien de regretter les siècles de foi qui les virent naître !

(1) Le pélerinage à saint Quinis étant quelquefois impossible, le 15 février, jour de la fête du saint, à cause de la rigueur de la saison, les habitants de Camps obtinrent de Monseigneur Louis Brétel, archevêque d'Aix, l'autorisation de solenniser cette fête, le dimanche de la Trinité. Monseigneur Michel, évêque de Fréjus, renouvela cette permission, le 30 mai 1838.

(Notice sur saint Quinis. — Brignoles , 1839.)

descendre tous les bustes des saints, les croix, les
bannières, les ornements et tous les autres objets
renfermés dans la sacristie. Les reliques de Saint
Quinis, furent l'objet d'une attention particulière ;
il les renferma soigneusement dans une boîte et
les déposa dans le caveau, d'où elles ne sont sor-
ties qu'à l'époque du rétablissement du culte.
Grâce au courage de ce chrétien dévoué, les habitants de Camps ont la consolation de posséder encore ce précieux trésor. En 1848, ces reliques furent de nouveau reconnues et divisées en deux
parties, dont l'une est actuellement dans l'église
de la paroisse, et l'autre dans le buste du saint,
qui est vénéré à l'ermitage.

Quant à la chapelle de Saint-Quinis, elle fut
vendue pendant la révolution. Victor Bonneau, cul-
tivateur à Camps, en fut l'acquéreur, la conserva
intacte, et à l'époque du rétablissement du culte en
fit cession à la commune. Les attenances de la
chapelle devinrent la propriété de plusieurs parti-
culiers, qui les vendirent à un habitant de Besse.
Celui-ci dévasta le couvent et le mit en ruines.

En 1806, deux frères ermites vinrent s'établir
sur la montagne et y demeurèrent jusqu'en 1813.
Comme ces frères étaient fort connus à Besse,
Monsieur Boyer, maire de Camps, le même qui
avait sauvé les reliques, put acheter par leur en-
tremise la partie du couvent qui avait été démolie,
et qu'on refusait de vendre à la commune de
Camps, et il le fit rebâtir, secondé par le zèle
de ses concitoyens. La Terreur avait bien pu en

effet refouler la confiance et la dévotion au fond
des âmes, mais elle n'avait pu étouffer ces sentiments. Dès que les jours mauvais furent passés,
ils se manifestèrent ouvertement, les sentiers es-
carpés du Renom furent encore fréquentés par la
piété des pélerins, et on alla se consoler des atten-
tats dont on avait gémi et de ce long délaissement,
en priant avec plus de ferveur autour de l'autel
dévasté, et en travaillant à réparer ces ruines.

Depuis cette époque le culte traditionnel et héré-
ditaire de saint Quinis n'a plus été interrompu;
on a régulièrement solennisé ses fêtes. Tous les
ans, le 15 février, quand le temps le permet, mais
surtout le lundi de la Pentecôte et le dimanche de
la Trinité, les chemins qui conduisent à l'ermitage
des divers points de la plaine, se couvrent d'une
foule empressée. Tous, il est vrai, ne sont pas
conduits par un sentiment de religion, mais parmi
ces groupes dissipés et bruyants, vous distingue-
riez aisément des femmes, des enfants, de jeunes
hommes, des vieillards, accourus quelquefois
d'assez loin, gravissant à pied et recueillis ces sentiers difficiles, priant avec confiance devant les reliques du Saint, ou bien, implorant sa protection
en faisant sur leurs genoux le tour de son autel;
usage touchant, qui nous vient de siècles plus
croyants que le nôtre, et dont la persistance montre combien grandes sont encore au milieu de nous
la confiance et la dévotion à saint Quinis.

V.

Comment Dieu a autorisé la dévotion à saint Quinis.

———

Dieu par de nombreux miracles a manifesté le crédit de son bienheureux serviteur et autorisé le culte dont il est l'objet. C'est ce que proclame le Martyrologe Romain dont nous avons déjà rapporté les termes.

Nous ne pouvons et nous ne voulons pas ici énumérer tous les bienfaits dus à son intercession dans tous les lieux où il est honoré. Nous voudrions seulement, pour la gloire de notre saint, l'édification des fidèles et l'honneur du sanctuaire que lui ont consacré nos pères, conserver le souvenir de quelques-unes des faveurs signalées, obtenues par ceux qui l'y ont invoqué avec confiance.

Les nombreux *ex-voto* qui couvrent les murs de l'humble chapelle, en attestant la reconnaissance des fidèles, disent hautement la puissance du crédit de notre saint. Ces tableaux, où il ne faut pas chercher la beauté de l'art et la richesse de l'encadrement, mais seulement la simple et naïve expression de la reconnaissance du pauvre, ces images qui rappellent la mort évitée sous mille formes diverses, ces débris vermoulus qui ont soutenu péniblement des membres débiles, qu'une vertu secrète a soudain fortifiés et affermis, tous ces humbles trophées, témoignages des victoires remportées sur les infirmités humaines, font le plus riche ornement de ce pauvre sanctuaire, et forment, tous ensemble, sinon chacun en particulier, un argument invincible en faveur de la puissance d'intercession de notre saint.

Peut-être quelques esprits trop prévenus, trop remplis des idées du siècle, se riront-ils de cette foi naïve. Si, conduits par la curiosité ou attirés par le concours d'une fête publique, ils viennent visiter cette chapelle, ils n'auront peut-être qu'un regard dédaigneux ou des sourires moqueurs pour ces témoignages de la piété des fidèles, qu'ils croiront flétrir en les nommant des superstitions d'un autre âge.

Mais, pourrait leur dire l'humble chrétien en qui cette vue fait naître une douce confiance et une plus tendre dévotion, pourquoi cette pitié? Ce que vous voyez, ce sont les témoignages des miracles obtenus par l'intercession du saint, les marques de la reconnaissance de ceux qui en ont été l'objet. La reconnaissance n'est-elle donc plus un sentiment digne de la sympathie d'un cœur noble et élevé? Ou bien, refuseriez-vous à Dieu le pouvoir de faire des miracles, c'est-à-dire, de déroger aux lois qu'il a lui-même établies? Pourquoi, pour honorer ses saints, Dieu ne pourrait-il pas attacher à la prière autour de leurs autels, à un pélerinage dans les lieux où ils ont vécu, ou qu'ils ont sanctifiés par leur présence, au pieux attouchement de leurs saintes reliques, une vertu mystérieuse qu'il a cachée dans les simples de nos vallées ou dans le breuvage qui doit guérir nos maladies et faire reculer la mort? Cet effet de sa puissance est-il moins extraordinaire, moins incompréhensible que l'autre?

Et quand un grand nombre de témoins de tout âge, de toute condition, attestent qu'il en est ainsi, quand ils produisent des faits nombreux, variés, qu'on ne peut expliquer par les lois ordinaires de la nature, cette multitude de dépositions doit-elle être accueillie avec tant de légèreté? ne mérite-t-elle pas, au contraire, de la part d'un esprit sérieux et raisonnable attention, examen et créance? Penseriez-vous en effet que ceux, qui ont été l'objet de ces bienfaits, ou qui en ont été les témoins, ont tous vu ce qu'ils ne voyaient pas, entendu ce qu'ils n'entendaient pas, en un mot, qu'ils ont tous été dans une complète illusion? Croiriez-vous que tous ces hommes pieux, naïfs, incroyants même, appartenant à des localités différentes, quelquefois rivales, à des générations diverses, croiriez-vous que vos pères et vos contemporains aient fait entre eux un accord pour tromper la postérité? La supposition est impossible.

. Le pieux croyant ne mérite donc pas vos injustes et blessantes railleries. Il a pour lui le bon sens; il respecte les traditions de ses pères.

On peut ne pas admettre ces miracles sans faire naufrage dans la foi; bien différents des miracles de l'Évangile, des livres saints dont la certitude repose sur l'autorité divine de la révélation, diffé-rents encore des miracles dont l'Église nous cer-tifie l'existence, ces faits miraculeux n'ont qu'une autorité humaine, et l'Église elle-même nous oblige de vous en avertir (1). Mais notre dévotion demeure très-respectable, car l'ensemble de ces faits et de ces témoignages suffit pour la justifier aux yeux du bon sens et pour la mettre au-dessus du reproche de crédulité et de vaine superstition.

Qu'on nous pardonne cette digression, qui sem-ble sortir du caractère de cet écrit. Nous aurions voulu, en justifiant le pélerinage à saint Quinis et les *ex-voto* de sa chapelle, montrer les fondements solides de ces dévotions populaires.

Nous devons cependant l'avouer, si l'ensemble de ces faits forme un témoignage surnaturel en faveur du crédit de notre saint, si plusieurs de ces faits ne peuvent s'expliquer que par une déroga-tion aux lois de la nature, tous ne peuvent être regardés comme des faits proprement dits mira-culeux. Quand Dieu suspend quelqu'une des lois

(1) Décret d'Urbain VIII.

par lesquelles il gouverne le monde, il veut, par ces signes plus manifestes, réveiller la dévotion et exciter la piété des fidèles, mais le plus souvent il nous accorde les grâces soit temporelles, soit spirituelles que nous lui demandons par l'intercession de ses saints, sans déroger à l'ordre établi. Il accorde la guérison par le moyen des remèdes ordinaires, il fait réussir une affaire par les voies communément suivies ; dans ces cas encore, le fidèle, qui a eu recours à la prière, et qui a compté sur le crédit d'un saint auprès de Dieu plutôt que sur les moyens humains, n'a-t-il pas raison de lui faire hommage du succès et d'attacher aux murs de ses sanctuaires le signe de sa reconnaissance?

Mais l'on ne peut méconnaître le caractère vraiment miraculeux de plusieurs des bienfaits obtenus par l'intercession de saint Quinis. Le lecteur en jugera lui-même par le simple exposé des faits.

Voici *les miracles bien justifiés* (c'est le mot dont se sert l'auteur), que nous trouvons rapportés dans un abrégé de la vie de saint Quinis, par le P. François de Saint-Laurens, visiteur apostolique et supérieur des Trinitaires déchaussés (1). — Honoré Ricard de Correns, perclus de tous ses membres, obtint une parfaite guérison par l'invocation seule de saint Quinis.

Le crédit de notre saint auprès de Dieu ne parut

(1) Cet abrégé de la vie de saint Quinis est au presbytère de Camps. Il fut trouvé dans la maison des RR. PP. Trinitaires. Il est dédié au sieur Jean Desparre, lieutenant-général au siége de Brignoles.

pas avec moins d'éclat dans la guérison de l'épouse de Jean Mathieu de Camps. Cette femme se rendait dans l'une de ses terres, lorsque le fusil que portait son mari, venant à faire explosion sur elle, la réduisit à un état désespéré. Dans cette extrémité, elle ramasse le peu de force qui lui reste, invoque saint Quinis, et, au grand étonnement de tous ceux qui étaient accourus pour la secourir, elle se relève aussitôt sans aucun mal. — Lucrèce Buisse d'Hyères, devenue paralytique, recouvre en récompense de sa confiance à saint Quinis, le libre usage de ses membres. — Un prêtre de la Ciotat, étant devenu borgne, alla en pélerinage à saint Quinis, et s'en retourna parfaitement guéri.

On mentionne encore une dame de Marseille, qui, après un vœu fait à saint Quinis recouvra l'usage de la vue; un jeune enfant de Brignoles, qui, muet et réduit à s'exprimer par signes, pendant quatre ou cinq ans, parla distinctement, après une messe célébrée dans la chapelle du saint; un jeune enfant de Barjols, Louis Ieurs, qui fut tiré sans aucune trace de brûlure, du milieu d'un grand feu, où il était tombé.

La guérison de Claire Rémusat de Trets, que rapporte le même auteur, présente des circonstances encore plus surprenantes. Cette personne, atteinte d'une maladie cruelle, qui avait rendu tous les remèdes inutiles, obtint un soulagement à ses maux en invoquant saint Quinis. Dieu cependant qui voulait mettre sa confiance à l'épreuve ne l'en délivra pas complètement. Elle se trouva même quelque temps après réduite à l'extrémité. La gangrène s'était mise dans ses plaies, et les médecins de la ville d'Aix avaient déclaré le mal incurable. La malade néanmoins, espérant contre toute espérance, réclame le secours du saint, qui une première fois avait allégé ses douleurs ; sa prière est exaucée, et elle est rendue à une santé parfaite. Un grand nombre d'habitants de Trets et d'Aix, qui l'avaient visitée dans sa maladie, purent attester cette miraculeuse guérison.

Le même auteur ne craint pas d'appeler toute la ville de Brignoles en témoignage d'un autre miracle opéré en faveur d'une paralytique. La sœur de cette infortunée, Mademoiselle Marthe, fit le pélerinage de saint Quinis en portant la malade sur ses épaules depuis le bas jusqu'au sommet de la montagne, et s'engagea, par un vœu, à porter l'habit noir, si sa sœur guérissait. Dieu récompensa sa charité et sa confiance. Quelques jours après la pauvre infirme recouvrait l'usage de ses membres.

A ces faits déjà anciens on pourrait ajouter bien des faits contemporains. Montez à la chapelle de saint Quinis, le jour où des localités voisines l'on s'y rend en pélerinage, écoutez les pieux récits de ces femmes, de ces hommes, de ces enfants, qui venus quelquefois de la distance de plusieurs lieues, gravissent péniblement les pentes escarpées de la montagne, chacun aura à vous raconter quelque faveur signalée obtenue par l'intercession de saint Quinis.

Ce père et cette mère vous diront que leur fille,

âgée de deux ans, dont les membres étaient sans consistance, semblables à une masse de chair sans os, fut, après une neuvaine en l'honneur du Saint, si parfaitement guérie, qu'elle pût dès-lors courir comme les enfants du même âge. — Cet homme, qui conduit son jeune enfant par la main, vient de Brignoles; il faut encore gravir la montagne. Le curé de la paroisse, qui se rend à l'ermitage pour y célébrer les saints mystères, ayant aperçu ce jeune enfant, offre au père de le prendre sur sa monture. « Monsieur, répond-il, je vous remercie de votre bonté, mais je ne puis accepter ce service. Il faut que l'enfant monte à pied jusqu'à la chapelle : j'en ai fait le vœu, et tant que je pourrais me faire obéir, je l'exigerais de sa reconnaissance. Cet enfant, poursuivit-il, ne pouvait à l'âge de trois ans se tenir debout. Ses jambes étaient recourbées de telle sorte, que ses pieds venaient presque toucher à la bouche. Nous eûmes recours à saint Quinis, nous le portâmes à sa chapelle, et quelques heures après le saint sacrifice, l'usage de ses jambes lui fut donné. »

Nous nous abstenons de raconter d'autres faits, car nous aurions pu en recueillir un bien plus grand nombre de la bouche des habitants de Camps, de Besse, de Sainte-Anastasie, etc. (1)... Il n'est pas, dans ces localités, de famille, qui ne se croie rede-

(1) La confiance du peuple au pouvoir de saint Quinis, dans ces localités et même dans les pays plus éloignés, comme le Puget, Carnoules, est si grande, qu'il est passé en proverbe de dire : *san Quinis de tout maou garis*, saint Quinis de tout mal guérit.

vable à saint Quinis de quelque bienfait et qui ne puisse dire quelque chose à sa gloire. Qu'il nous suffise, pour conclure, de faire remarquer que ce concours empressé, ces pratiques pieuses en l'honneur de notre Saint, malgré l'indifférence du siècle pour les saints et les choses surnaturelles, que ce fait tout seul est une preuve incontestable en faveur de ce culte. Comment en effet expliquer cette confiance générale, qui survit même dans bien des cœurs à la pratique de la religion, si Dieu n'avait jamais autorisé par quelques signes manifestes la dévotion à saint Quinis.

ÉPILOGUE.

O bienheureux Quinis, nous déposons à vos pieds, dans votre vénéré sanctuaire, ces humbles pages dans lesquelles nous avons voulu conserver les traditions de nos pères, redire tout ce qu'ils nous ont transmis de votre sainte vie, les honneurs qu'ils vous ont rendus, les bienfaits dont vous n'avez cessé de les combler. Daignez agréer cet hommage et bénir ce travail. Puissent ces pieux récits réjouir vos serviteurs, augmenter leur confiance en votre protection, et servir ainsi à la gloire de Dieu et à l'édification de nos frères!

PIÈCES RELATIVES AU CULTE

DE SAINT QUINIS ;

Extraites des Archives de la Commune de Camps.

Note A.

—

Remontrance faite par Messire le Consul Mercadier de pourvoir un Prêtre de résidence à Saint-Quinis.

A été représenté au dit conseil par le dit sieur Mercadier, consul, que tout le peuple du dit Camps est grandement redevable à Dieu d'avoir en ce terroir la chapelle du bienheureux saint Quinis, où les miracles et dévotions qui se voient tous les jours en la dite chapelle est une merveille de Dieu ; estant très-nécessaire d'y establir un prêtre en résidence, pour afin que tous les jours y se dise pour le moins une messe, afin que ceulx qui y viennent en dévotion puissent se confesser, pour faire sa dévotion; et que, par l'advis de M. le vicaire official de Brignoles, *(dignité qui équivaut à celle d'archiprêtre aujourd'hui)* il est très-expédient d'y pourvoir unq prêtre promptement, afin que la dévotion ne se perde, ayant fait rechercher partout pour en trouver unq de bien, et capable et saint, disposé pour aller demeurer au dit lieu. Messire François Lion, prêtre du Val, à présent curé au lieu de Sainte-Stagie, homme tel que l'on peut désirer pour conserver la dite dévotion en l'honneur et gloire de Dieu fut choisi.

Ce que entendu par les conseillers et tous d'un commun accord ont délibéré que Monseigneur l'archevesque d'Aix sera prié, humblement supplié de vouloyr pourvoir et admettre le dit messire François Lion , prêtre, pour la résidence, authorité et service de la dite chapelle.

Et encore M. le prieur et Seigneur du dit Camps sera supplié de donner son consentement en l'admission du dit messire Lion et (consacrer) le bien et l'augmoisne qu'il fait à la dite chapelle au rétable qu'il fait faire.

RELIQUES DE SAINT QUINIS.

Note B.

Délibération relative aux Reliques de Saint Quinis.

Le 1ᵉʳ avril 1639, dans la maison commune du lieu de Camps, assemblé en conseil général du dit lieu par mandement de Messire Jacques Garnier, bailli, ayant le baston de justice en main, sont esté présents (suivent ici les noms des consuls et d'autres personnages des plus honorables du pays).

Auquel conseil général a esté représenté par messires les consuls qu'ils viennent d'apprendre tout récemment par M. le vicaire official de Brignoles, que Monseigneur l'évesque de Vaison a mandé à Monseigneur l'archevesque d'Aix, de saintes reliques de saint Quinis, pour les remettre à la communauté et dans la chapelle de saint Quinis et à l'envoyé de Camps, et que, pour la rémission, il faut faire une conférence en la ville d'Aix, pour prendre les ordres du dit seigneur archevesque, qu'il faudra tenir ; lequel mande au dit sieur official d'aller à Aix pour cela étant nécessaire de desputer telles personnes du lieu, pour accompagner le dit sieur official, et à former la dite conférence, et remercier du tout au nom de la dite communauté. Le dit seigneur archevesque encore advertit de tout ce que dessus Monsieur le prieur (1) nostre seigneur, pour, s'y lui plaît ce , à la dite conférence être rendu et faire faire unq reliquaire pour reposer la dite sainte relique et unq lieux dans la chapelle bien assuré pour la mettre.

(1) Le prieur de l'abbaye de Saint-Victor à Marseille.

A été député par le dit conseil général , M. Pierre Mercadier et Laurent Garnier, pour aller à la dite conférence , et prendre les dits ordres que Monseigneur l'archevesque voudra donner en ce que dessus et remercier, au nom de la communauté, pour le bien qu'il nous produit par moyen de la dite sainte relique ; et encore un des dits députés devra passer à Marseille, pour prier le dit sieur prieur de se trouver à la dite conférence , et donner pouvoir aux dits députés de faire faire unq reliquaire d'argent, comme sera ordonné par le dit sieur archevesque de faire unq armoire à la dite chapelle de saint Quinis , bien asssurée pour les disposer.

Note C.

Enregistration de la Lettre de Mgr. l'Évesque de Vaison à Mgr. l'Archevesque d'Aix , touchant les reliques de saint Quinis

(en date du 22 mars 1639).

MONSEIGNEUR,

La connaissance qu'il vous a plû me donner de la dévotion du peuple de Camps de votre diocèse à saint Quinis , évesque de Vaison , et des miracles que Dieu opère par son intercession est une preuve nouvelle de votre piété et de votre affection , pour augmenter l'honneur de ce saint et me fournir le moyen de m'acquitter de quelque partie de mon devoir envers ce glorieux prélat, duquel je suis successeur indigne. Je vous en rends donc mille grâces , et , pour contribuer ce que je puis, je vous offre ceste relique du saint avec l'attestation et la couppie autantique de sa vie (1) ; il y a unq office avec les leçons im-

(1) Nous n'avons pu nous procurer cette vie ; sans doute que l'église de Vaison doit la posséder ainsi que l'office du saint.

primées, mais plain de faultes ; je vous l'adresseray, lorsqu'il sera réimprimé selon mon dessein. Dans l'ancienne ville, il y avait unq monastère sous le titre de ce saint que Pascal II en une bulle de l'an 1109 (Abbatia sancti Quinidii)..... (Ici il doit y avoir une omission du copiste ; sans doute l'original voulait dire que Pascal II en une bulle de 1109 nomme abbatia sancti Quinidii, l'abbaye de saint Quinis)..... laquelle je fais rebastir. Il y a beaucoup de sépulcres entiers et de vestiges de pierres... Le martyrologe romain , au 15 février, le nomme *Quinidius*. Il avait assisté au concile quatre de Paris, l'an 573, comme j'ai remarqué dans le tome des conciles du prieur Sirmond. Il avait été subergé (avait succédé) à saint Théodose, du bon gré de Childebert Ier, roy de France, et de la reine Austergotha, duquel Grégoire de Tours *in historia Francorum* fait mention si souvent. L'autel de cette abbaye fut consacré à Dieu en l'honneur de ce saint par son successeur Farandus , le jour de sa fête , l'an 1250 ; voilà tout ce que je puis pour maintenant vous offrir de ce grand évesque, et vous assurer que j'ai un si grand ressentiment des faveurs que j'ay reçu de vous et de l'honneur de votre amitié, qu'il vous plaît me continuer, que je ne seray content que lorsque je vous auray témoigné par mes services et aultrement que je suis ,

Monseigneur ,

Votre très-humble et très-obligé serviteur et confrère,

JOSEPH MARIA , évesque de Vaison.

Le 22 mars 1639.

Note D.

___

Authentique des reliques de saint Quinis.

(Cette pièce est écrite en latin ; nous en donnons ici la traduction.

Joseph-Marie de Suarez, par la grâce de Dieu et du saint siége apostolique, évêque de Vaison, seigneur temporel de la dite ville et autres lieux, comte de Capreniarum, comme le très-illustre et très-vénérable seigneur Louis, archevêque d'Aix nous a demandé une partie des reliques de saint Quinis évêque, et notre prédécesseur dans ce siége ; pour la plus grande gloire de Dieu et la propagation de l'honneur de ce saint, puisque cette partie doit être envoyée dans la paroisse de Camps, au diocèse d'Aix, et désirant autant qu'il est en notre pouvoir satisfaire aux pieux et justes désirs d'un si grand prélat, d'augmenter la dévotion à saint Quinis, dont le crédit se manifeste si souvent d'une manière si admirable, nous sommes entrés dans notre cathédrale, et nous avons examiné les châsses et les *armoires* dans lesquels sont renfermées les saintes reliques, la mâchoire du bienheureux saint Quinis, évêque de Vaison, comme l'atteste le manuscrit en parchemin. Nous avons pris une partie de cette mâchoire, à laquelle était fixée encore une dent, et l'avons remise au sus dit illustrissime seigneur archevesque, scellé de notre sceau, nous recommandant à ses saintes prières, et nous confiant en sa piété. Nous espérons que par la puissance de ce saint et le zèle de cet archevêque, Dieu sera de plus en plus honoré et glorifié ; et nous attestons toutes ces choses au nom de la vérité ; en foi de quoi nous avons écrit ce diplôme, et avons ordonné qu'il fut marqué de notre sceau.

Donné à Vaison, le 23 janvier, de l'an de notre Seigneur 1639.

___

Note E.

Autre délibération de la communauté sur les préparatifs à faire pour recevoir les Reliques.

Le 10 avril 1639, le conseil assemblé, auquel conseil général a été représenté par M. Pierre Mercadier et Laurent Garnier, que, suivant la délibération, et commission à eux donnée par le dit conseil général du premier de ce mois, ils sont estés à Aix et à Marseille avec M. l'official de Brignoles, pour conférer au dit Monseigneur l'archevesque d'Aix, et M. le prieur de ce lieu, la forme de la translation de la relique de saint Quinis envoyée par M. l'évesque de Vaison à Monseigneur l'archevesque d'Aix, pour la remettre en main de la communauté et dans la chapelle du dit saint Quinis dans le désert de Renom de ce lieu. Après avoir remercié le dit seigneur archevesque du bien qu'il nous a produit de nous faire envoyer la dite sainte relique, il la lui a monstrée, consistant en une partie de la mâchoire et une dent qui se tient du dit saint Quinis, qui a été tiré des reliques de Vaison, comme il conste par l'attestation et authorisation manuscrite, où le corps de ce bienheureux saint repose, en ayant pris copie, qu'a esté lue au conseil, aux lettres de Monseigneur l'archevesque d'Aix. Ayant été pris résolution, attendu que l'on ne peut porter trop d'honneur aux saintes reliques, que la procession de ce lieu yra en la ville d'Aix, au synode prochain, et y sera à la quinzaine après Pâques. Le dit Seigneur remettra la sainte relique au dit sieur official de Brignoles, pour la remettre à la dite chapelle saint Quinis, et les prêtres du synode l'accompagneront ; et, parceque la sainte relique fault qu'elle soit reposée dans une châsse ou reliquaire d'argent, par ordre du dit Seigneur archevesque et du dit sieur prieur, ont commandé en la ville de Marseille à unq M..... orfèvre flamman, la dite châsse qui coustera 145 livres, quy sera faite au temps de la translation, estant nécessaire de prendre à présent de résolution pour fayre la dite prossession et advoyé argent pour la dite châsse, reliquaire.

A été approuvé tout ce qui a esté fait par le dits M. Mercadier et Garnier, au fait que dessus a délibéré, que sera faite la prossession pour aller quérir les dites saintes reliques, et sera porté l'argent pour la dite châsse (1).

Note F.

Procès-verbal de la Translation des Reliques de Saint Quinis.

Tous présents et advenir savoir faisons nous Honoré Guérin, docteur en droits, vicaire perpétuel de la ville de Brignoles, et official forain de Monseigneur l'archevesque d'Aix, des vallées de Brignoles et Saint-Maximin, que le vingt-neuvième mars dernier aurions reçu lettres du dit seigneur archevesque d'Aix par laquelle nous donnait advis que, le vingt-troisième janvier dernier, Monseigneur l'évesque de Vaison lui aurait envoyé quelques saintes reliques de saint Quinis, lesquelles avait volonté de donner à la communauté du lieu de Camps. Pourquoi le lendemain, 30 du mois de mars, nous nous serions transportés au lieu de Camps pour en advertir les consuls et communauté du lieu, assemblé les marguilliers de la chapelle de saint Quinis, bastie à la montagne de Renom, terroir du dit Camps ; et, le même jour, les dits consuls, par délibération du conseil, auraient député messire Pierre Mercadier, notaire royal, avec lequel accompagné de messire Laurent Garnier, un des marguilliers de la dite chapelle, serions allés à Aix pour remercier très-humblement Monseigneur l'archevesque et prendre les ordres qu'il lui plairait ordonner pour recevoir ce tout précieux gage avec la décence requise, et de son advis et commandement serions allés à Marseille pour faire faire une châsse

____

(1) Cette châsse coûta 148 livres, 16 sols, 6 deniers, pesant 3 marcs... à raison de 45 livres le marc, argent, façon montant en tout à la somme de 147 livres, 12 sols ; et le verre de cristal 10 sols ; le tout 148 livres 10 sols.

d'argent , pour y déposer les saintes reliques ; et l'onzième du
présent mois de may le dit messire Mercadier aurait remis
entre les mains du dit seigneur l'archevesque la châsse qu'il
avait apportée de Marseille laquelle , après avoir célébré la
messe à sa chapelle, Monseigneur l'archevesque aurait bénie,
et dans icelle remis les saintes reliques , à savoir une partie
d'une mâchoire avec une dent , et fait fermer la châsse à un
orfèvre , et peu après accompagné de tous les prieurs, vicaires
et curés, qui pour lors s'y trouvaient rassemblés pour le
synode, on l'aurait portée à l'église Saint-Sauveur et reposée
au maître-autel ; et l'action du synode finie , en présence des
dits prieurs, vicaires et curés et de Blaise Aubert et Honoré
Calès, consuls du dit lieu de Camps , Laurent Garnier , Honoré
Guérin et Vénan Auban, marguilliers de la dite chapelle et
ermitage et 60 ou 80 personnes du dit Camps, qui estaient
venues en procession à la réception des dites saintes reliques,
mon dit seigneur archevesque nous aurait fait l'honneur de
nous remettre entre mains les dites saintes reliques , pour les
porter au lieu de Camps, et les remettre à la chapelle de l'ermitage, lesquelles aurions très-humblement reçues , et , après
avoir chanté le Te Deum serions sortis en procession , accompagnés de messire Benoit Dol, vicaire de Camps , messire
François Lion, chapellain de saint Quinis, messire Jehan Bouis-
son , vicaire de Besse , messire Pierre Blanc , vicaire de
Tourvès , messire Pierre Masséa , vicaire de Garéoult , messire
Pierre Gaultier , vicaire de la Celle , messire Foubert , curé de
Correns , et les consuls , marguilliers et autres avec des flam-
beaux et des cierges allumés en main , et nous serions allés
reposer à Saint-Jehan hors la ville , pour donner la satisfaction
au peuple qui désirait baiser les saintes reliques, et les mêmes
jours serions allés coucher à Très sur les 6 heures du soir , où
aurait eu lieu la rencontre hors la ville de la procession générale du clergé, consuls et tout le peuple du lieu ; et , arrivés à
la paroisse où aurions demeuré jusqu'à 10 heures du soir ,
pour contenter la dévotion à iceux aurions assigné les saintes
reliques entre les mains de messire Honoré Arbaud, vicaire du
dit lieu, lequel le lendemain, douzième du courant, serait encore
venu en procession , avec les consuls et tout le peuple jusque

hors du lieu ; et le même jour arrivions à Saint-Maximin. Les pénitents blancs nous seraient venus recevoir en procession à la chapelle de Sainte-Magdelaine, hors la ville, d'où, nous acheminant au couvent des R. P. dominicains, une partie des religieux nous seraient venus en rencontre à la croix , qui est au bout de la place du Couvent, avec les marguilliers et luminaires de l'église, lesquels, après avoir encensé les saintes reliques nous auraient conduits à l'église, d'où, après avoir célébré la sainte messe , serions sortis accompagnés des dits pénitents jusque hors de la ville; et arrivant à Tourvès le dit messire Blanc, vicaire du lieu , serait venu en procession générale et nous aurait mené à la paroisse, et après nous avoir accompagné hors du dit lieu en ce même jour , sur le soir approchant de la ville de Brignoles, la procession générale à laquelle ont assisté les R. P. Capucins , les R. P. Cordeliers , les R. P. Augustins , et Messieurs les prêtres de la paroisse avec Messieurs les consuls, nous serait venue au rencontre et nous aurait accompagné à la paroisse où aurions reposé les saintes reliques jusqu'à 8 heures du lendemain, 13 du courant, que le reste du peuple de Camps serait venu en procession , et tous ensemblement avec les dits R. P. Capucins, Cordeliers, et la paroisse qui nous aurait accompagné jusques hors la ville, nous serions acheminé au dit Camps, et à l'entrée du lieu aurions trouvé le *pari* préparé et serions allés à l'église , où aurions célébré la sainte messe, et sur les 2 heures après-midi serions montés à l'hermitage ; et , arrivés à la chapelle , après avoir chanté le Te Deum, en présence des susnommés vicaires et curés , messire Jacques Garnier bailli, consuls, marguilliers, messire Mercadier, et de tout le peuple qui y était venu en procession générale aurions remis les saintes reliques en unq armoire bastie à dessein et avons chargé les consuls et communauté lesquels, en notre présence ont remis la clef du dit armoire au dit messire François Lion, chapellain du dit hermitage , lequel s'en est chargé en dues formes ; et l'on aurait tout exhorté d'en avoir soin particulier, et tel qu'il est nécessaire pour la conservation d'icelles avec tout l'honneur et révérence qu'il appartient.

———————

Note G.

—

Conditions de l'acte de cession de la Chapelle de Saint Quinis aux Trinitaires.

Ce fut le 17 avril 1646, par acte passé devant maître Baudouin, notaire de la ville d'Aix, que le prieur autorisa les Pères Déchaussés de la Sainte-Trinité, de faire un hospice du couvent de leur ordre dans la chapelle de saint Quinis. Il leur permit de le bâtir et de l'aggrandir comme bon leur semblerait, pourvu que ce fut à leurs frais ; toutefois avec les clauses suivantes :

1º Que le prieur de la Celle, seigneur de Camps, serait le fondateur de cet hospice, qu'il aurait part à toutes les prières qu'on ferait, et, en signe de reconnaissance, le 15 février, fête de saint Quinis et le premier dimanche de juin, le prieur et ses successeurs à perpétuité pourraient célébrer la sainte messe et percevoir les offrandes qui s'y feraient (1) ;

2º Que pour la même fin, les R. P. payeraient annuellement et à perpétuité au prieur et à ses successeurs, à chaque fête de saint Quinis, du produit des offrandes et du tronc, la somme de vingt livres et la *quarte funéraire d'enterrement*.

3º Que les Pères feraient en présence du greffier et du prieur, des consuls et des marguilliers, l'inventaire des saintes reliques, saints-ciboires, calices, patènes, chasubles et autres ornements, de l'état de la chapelle, de la maison, des jardins et terres.

____

(1) D'après cette clause, on voit qu'il était autrefois d'usage de fêter saint Quinis, à l'ermitage, le premier dimanche de juin. Depuis le concordat, qui a renvoyé au Dimanche, la solennité de la Fête-Dieu, il pouvait arriver que cette grande Solennité coïncidât avec la fête de saint Quinis ; on a donc été obligé de renoncer à l'ancien usage, et on a fixé, comme nous l'avons dit, la Fête de saint Quinis, au Dimanche de la Trinité, qui arrive à peu près à cette époque et rappelle de plus la présence des Religieux Trinitaires, à l'ermitage de Saint Quinis.

TABLE.